001

002

003

004

005

006

D1571697

007

008

009

010

011

012

013

014

015

016

017

018

2

019

020

021

022

023

024

025

026

3

027

028

029

030

031

032

033

034

035

4

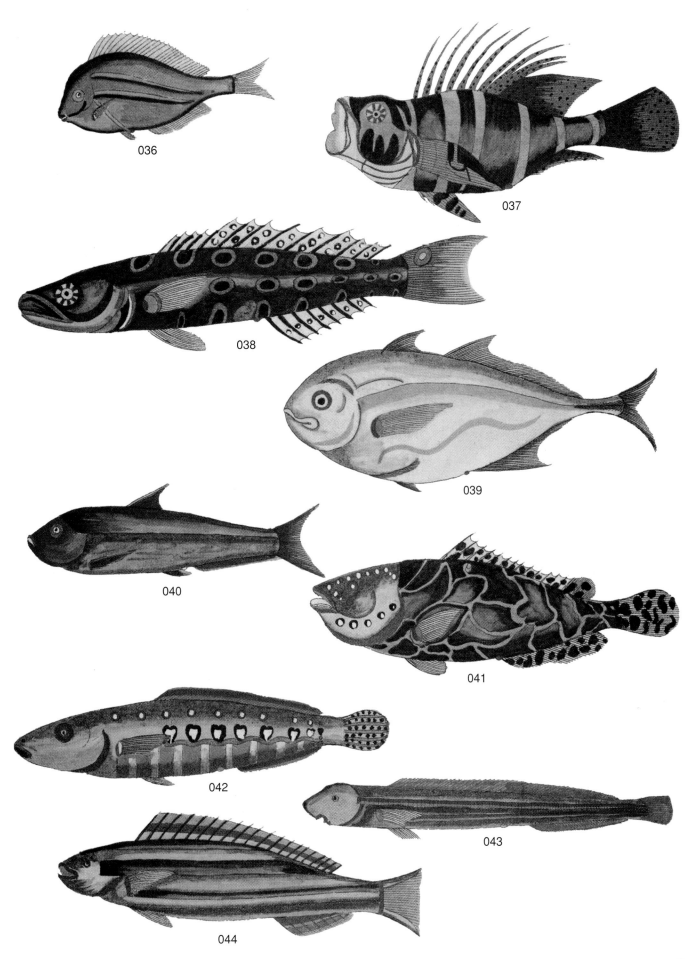

036

037

038

039

040

041

042

043

044

045

046

047

048

049

050

051

052

053

054

055

056

057

058

8

059

060

061

062

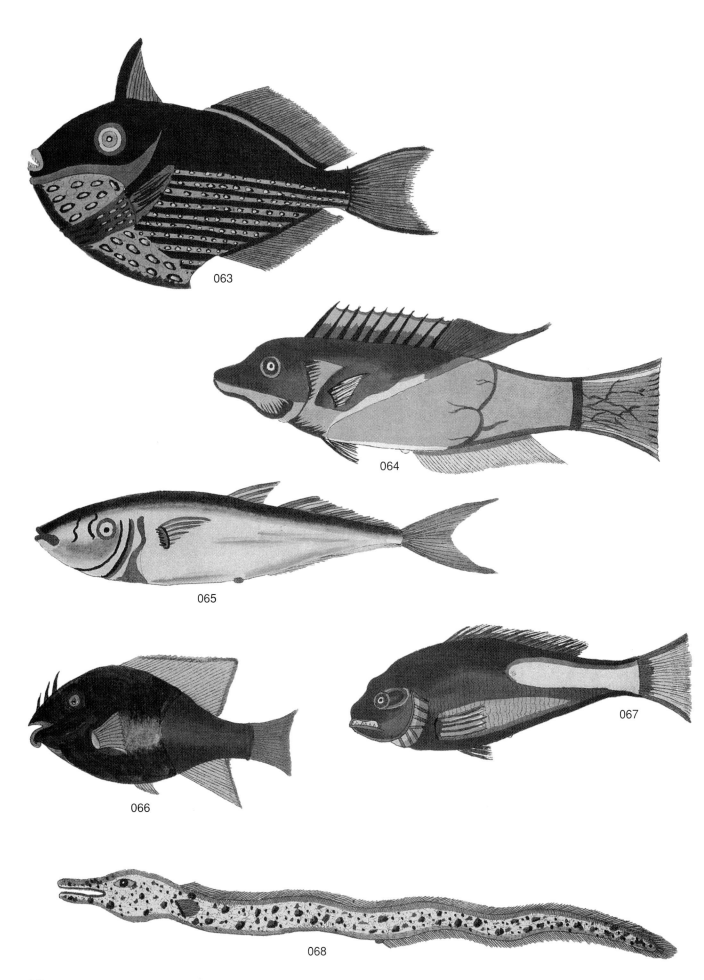

063

064

065

066

067

068

10

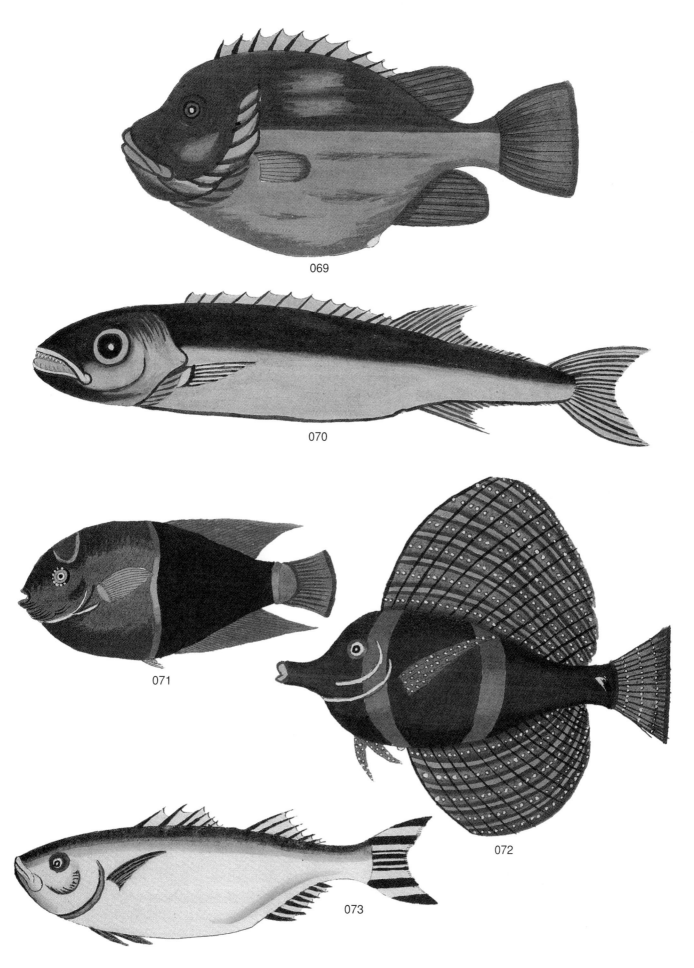

069

070

071

072

073

11

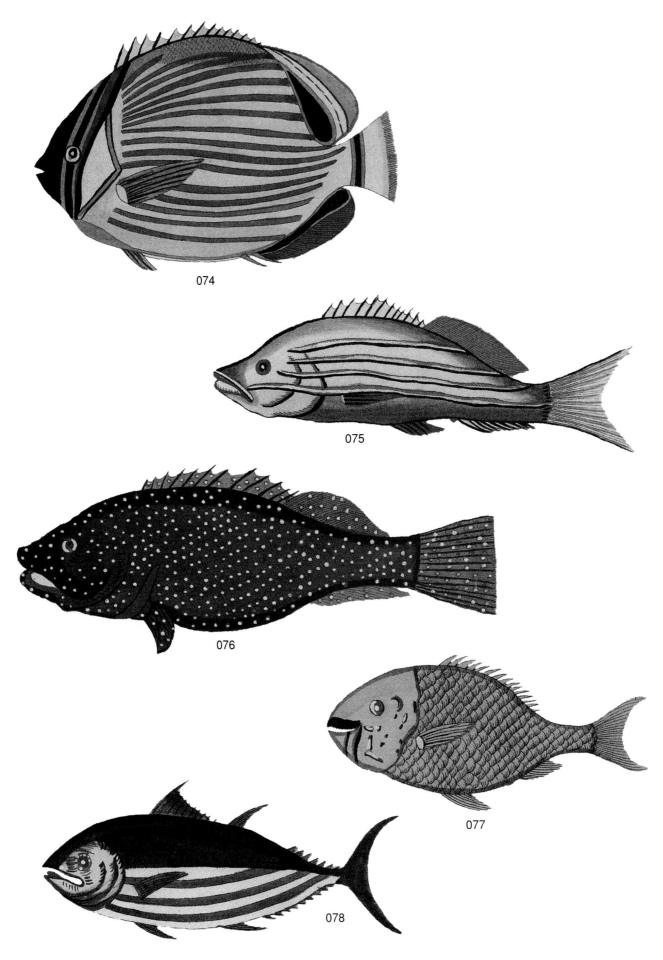

074

075

076

077

078

079

080

081

082

083

084

085

086

087

088

089

090

091

092

093

094

095

096

097

098

099

100

101

102

103

104

105

17

106

107

108

109

110

111

112

113

118

114

115

117

116

118

119

120

121

122

123

124

125

126

127

128

21

129

130

131

132

133

134

135

136

137

138

139

140

141

142

143

144

145

146

25

147

148

149

150

151

152

153

154

155

156

157

158

159

160

161

162

163

164

165

166

167

168

169

170

171

172

173

174

175

176

177

178

179

180

181

182

183

184

32

185

186

187

188

189

190

191

192

193

194

195

196

34

107

198

199

200

201

202

203

204

205

206

207

208

209

210

211

212

213

214

215

216

217

218

219

220

221

222

223

224

225

226

227

228

229

230

231

232

233

234

235

236

237

238

239

240

241

242

243

244

245

246

247

248

249

250

251

252

253

254

255

256

257

258

259

260

261